MON CERVEAU AIME LES SIGNES

C'est mon petit doigt qui me l'a dit

Corinne ALLAVOINE-MORIN

Avec la participation de Claire Horry

MON CERVEAU AIME LES SIGNES

© 2024 Corinne Allavoine-Morin

Édition : BoD – Books on Demand, info@bod.fr
Impression : BoD – Books on Demand, In de Tarpen 42, Norderstedt (Allemagne)

Impression à la demande

Illustration : Corinne Allavoine-Morin

ISBN : 9782322522859
Dépôt légal : Mars 2024

« Avec mes mains, je jette du rêve. »

Guy Bouchauveau

Remerciements,

Merci Claire de ta présence, de ta patience, de tes conseils et merci à la vie de nous avoir mis sur le même chemin avec la même envie de partager.

Table des matières

PRÉFACE

Première rencontre au château de Vincennes (IVT) avec Corinne Allavoine, il y a plus de 30 ans. Entente immédiate. Femme avec beaucoup de douceur, la langue des signes apprise de son professeur Sourd, artiste connu de la communauté Sourde, Levent Beskardès. Ce dernier lui a donné un nom signe « Gentille ». Je la remercie pour son livre, bien expliqué et très profond sur la construction du langage dans le cerveau des bébés.

Pendant des siècles, les scientifiques ont affirmé que les origines du langage et de la pensée étaient dans la parole. Il fallait donc parler pour penser. La langue des signes, quant à elle, avait un simple statut de code. Il a fallu attendre le 11 février 2005 pour que notre langue soit reconnue comme telle. Bien avant de parler de l'utilisation de la langue des signes avec des enfants entendants préverbaux, des auteurs ont écrit pour faire comprendre que la langue des signes est le témoin de l'incroyable capacité de l'espèce humaine à vouloir parler. L'extraordinaire richesse des études démontre que notre cerveau n'a aucune peur des signes. Dans l'éducation des enfants et plus encore dans l'éducation des enfants Sourds, toutes ces études sont précieuses.

L'utilisation de la langue des signes est à privilégier dès la naissance, même chez le bébé entendant. L'enrichissement visuel de la parole aura des effets sur son épanouissement et son sentiment de bien-être. Les parents, en lisant ce livre, comprendront que la LSF est reconnue comme une langue à part entière avec sa propre grammaire et ses codes linguistiques. Son utilisation est cohérente, car il faut absolument offrir à l'enfant une opportunité d'entrer dans le langage quand il est tout-petit. Le refus des signes, par peur que l'enfant n'oralise pas, n'apporte que des embûches dans la relation. Ce prétexte cache la réalité que les signes de la LSF aident beaucoup à la compréhension de la langue française.

Mes conseils sont à rechercher dans les incroyables pépites qui existent dans ma langue. Raconter, chanter, s'amuser avec ses doigts fait partie de l'histoire de l'humanité. Profiter de ces moments privilégiés pour introduire des signes est une bonne idée. Mais, quand je regarde les comptines sur le Web ou quand je vais dans les crèches, je vois bien que les enfants ne signent pas vraiment. Pourquoi ? Parce que les adultes font du français signé. Les enfants écoutent juste la chanson. Mais si l'on met de la pensée visuelle, si l'on enlève des signes pour mettre plus d'expression, plus de regard, plus de rythme, alors on est dans une proposition qui répond aux besoins des enfants. Qu'ils soient petits Sourds ou petits Entendants, ils ont besoin que les corps parlent. Ces petites comptines doivent se faire comme les Sourds font du Chansigne. Parce que le cerveau aime les signes qui parlent, pas les signes standards qui sont pour le dictionnaire.

Pour mettre des pépites dans les yeux des enfants, il faut mettre des pépites dans nos mains. Une belle opportunité pour profiter du « Gain deaf » et une manière de voir notre surdité de façon positive. Nous devons absolument retenir cela et montrer à quel point notre culture est riche et notre langue belle !

Claire Horry

POURQUOI CE PETIT LIVRE ?

Ce petit livre espère sensibiliser les adultes sur leur rôle et leur importance dans le développement du langage du très jeune enfant en les invitant à utiliser l'ensemble de leur expressivité et de leur gestualité naturelle.

Depuis plusieurs années, l'utilisation de signes avec les bébés gagne du terrain dans les structures d'accueil collectif et dans les modes d'accueil individuel. Ces signes sont issus de la langue des signes française et sont utilisés en cohérence avec le mot parlé.

Les bénéfices de cette pratique dans la période où bébé se prépare à parler sont décrits au quotidien, mais certaines personnes craignent que l'enfant stagne dans un langage gestuel et dédaigne la parole. Qu'en est-il ? Peut-on utiliser les signes avec tous les enfants ? De quelle manière les faire vivre et pour quels avantages ?

En explorant les recherches scientifiques, ce petit livre veut dévoiler les liens unissant le développement du langage, l'utilisation du signe et le cerveau. À partir de ces interactions, il veut mettre en lumière certains outils culturels faisant partie du répertoire des conteurs enrichis par le mouvement donné au signe, épousant le jeu, le rythme poétique du mot, du vers et de sa musicalité.

QUI SOMMES-NOUS ?

Je m'appelle Claire. Je suis médiatrice à la bibliothèque de la Cité des sciences et de l'industrie et présidente d'IVT (International Visual Théâtre) qui est un lieu unique en France portant un projet de développement essentiel pour le rayonnement de la langue des signes.

Je suis l'une des enfants du réveil sourd. En 1979, j'ai rencontré des adultes sourds et la langue des signes lors d'un voyage à l'Université Gallaudet aux États-Unis. Grâce à ce groupe, j'ai découvert le théâtre au château de Vincennes où était implanté l'IVT à l'époque.

Ensuite, j'ai transmis la langue des signes au public

sourd et entendant à travers des pièces de théâtre, des contes, des émissions (RFO Guyane : Les yeux pour entendre, les mains pour parler).

Je m'appelle Corinne. Je signe depuis que j'ai rencontré en 1989 la magie que les mains des Sourds diffusent quand elles parlent du monde. Depuis, cette langue m'habite.

De plus, j'ai découvert la communication gestuelle naturelle grâce à Levent Beskardès. Une véritable révélation sur la force créatrice de l'espèce humaine quand il s'agit d'entrer en relation avec autrui et une piste de recherches sur les processus d'iconicité linguistique.

Spécialisée en neuroéducation, il y a dans mon quotidien de l'apprentissage, de l'accessibilité, de la multimodalité et beaucoup d'enfants. Pour travailler, je suis partie à la recherche des bons ingrédients pour le petit cerveau. J'en ai trouvé pleins et la langue des signes en fait partie.

Et moi, je m'appelle bébé, nourrisson, jeune enfant, enfant et je suis présent (e) dans toutes les pages de ce petit livre. Quel que soit mon nom, j'ai entre 0 et 3 ans et je suis en pleine acquisition du langage.

Depuis ma naissance, mon entourage réagit au moindre de mes mouvements et il me considère comme un être communicant. Il m'offre des sons, des gestes, des expressions, des postures, des regards et tout cela constitue mon bain de langage.

Je ne suis pas venu (e) au monde avec une connaissance sur le sens que porte tout ce que vous m'offrez, mais je vais m'efforcer de devenir un véritable partenaire dans l'interaction. En fonction des sensations que cela me procure, je vais entrer dans cette boucle conversationnelle que vous me proposez et je vais apprendre à reconnaître votre voix, vos intonations, vos regards, vos gestes tendres ou un peu brusques, vos sourires, vos grimaces...

La richesse du bain de langage dans lequel je vis et vos réponses à tout ce que je fais vont faire de moi un sujet parlant et interagissant avec mon entourage.

Durant mes deux premières années, je serai dépendant(e) de la maturation de mon conduit vocal, de mes capacités motrices et de la richesse des interactions avec les autres. Heureusement pour moi, plus il y a de multimodalité dans nos interactions, et plus cela m'aide à mémoriser et à gérer les échanges. En effet, pour mon petit cerveau, toutes les nuances sonores et visuelles interviennent : la parole, les vibrations, les mouvements des mains, des yeux, du corps, le plaisir que nous prenons ou les réactions observées.

Avant de devenir une pipelette, j'ai besoin de cette communication multimodale pour compenser mon manque de connaissances langagières.

Je suis un(e) jeune enfant et j'ai besoin de mon entourage qui parle ou signe, entend, voit et surtout interagit avec moi.

Citation de Roland Barthe

Voici venu le moment de vous expliquer toute l'histoire sur l'utilisation des signes avec les très jeunes enfants.

Dans ce chapitre, vous allez vous familiariser avec les événements historiques et les contextes qui ont influencé les méthodes, les regards, la place de l'enfant sourd et sa participation dans le processus d'apprentissage de la langue.

BIENVENUE
DANS LE MONDE DU SIGNE !

UN PEU D'HISTOIRE

pour comprendre l'impact sur l'éducation

"La faculté d'apprendre appartient à l'être qui, en plus de la mémoire, est pourvu du sens de l'ouïe "

Aristote

Depuis l'antiquité, la parole articulée est la compétence par excellence. Elle confère au langage son lien direct à la pensée. Cette autorité de la parole fait glisser dans les représentations collectives l'illusion que ceux qui ne la possèdent pas sont privés de raisonnement. Pendant très longtemps, les enfants dépourvus de l'ouïe subissent les conséquences de cette croyance et seuls les plus aisés accèdent à une éducation.

En 1760, en France, un homme rend visible la cause des enfants sourds : l'abbé de l'Épée. Il se dévoue à leur

instruction en leur offrant une scolarisation gratuite sans distinction de classe sociale ou de sexe.

Il ouvre une école où il développe une méthode qui repose sur la langue des signes, considérée essentielle aux Sourds et complétée par des signes méthodiques.

La méthode de l'abbé dénature et complexifie la langue des signes, mais le génie de cet homme est d'avoir compris le besoin de l'enfant.

En 1786, l'éducation gratuite et non élitiste pour les sourds grandit à travers la France et dépasse même les frontières du pays.

Quelques années plus tard, Laurent Clerc, sourd profond de naissance, devient professeur pour les enfants sourds après avoir étudié pendant 20 ans à l'institut Saint-Jacques à Paris (INJS).

Note : Aujourd'hui, INJS accueille des jeunes sourds de 3 à 20 ans auxquels il propose différents modes de scolarisation en fonction des projets.

À la même époque, aux États-Unis, Thomas Gallaudet, pasteur entendant, veut créer une école pour enfants sourds. Il vient en France en 1816 et apprend avec Laurent Clerc.

Formé aux signes, Thomas demande à Laurent de venir aux États-Unis avec lui pour construire les bases de l'éducation des jeunes sourds américains. Un an plus tard, les deux hommes ouvrent la première école pour enfants sourds. C'est un vrai succès.

En 1864, à Washington, un établissement d'enseignement supérieur bilingue, diversifié et multiculturel voit le jour. Il assure l'avancement intellectuel et professionnel des personnes sourdes grâce à la langue des signes américaine (ASL) et à l'anglais.

Pendant ce temps, en France et en Italie, les idées oralistes reviennent à grands pas. Leur méthode préconise une éducation du jeune enfant sourd à partir de l'oralisation. L'utilisation de la langue des signes ne fait pas partie de cette pédagogie.

En 1880, 255 personnes considérées comme spécialistes sont réunies à Milan pour un grand congrès de 5 jours. Chacun va exposer différents arguments en faveur de l'éducation oraliste.

Pour les uns, l'oralisme serait tout d'abord un moyen d'intégration dans la société en parlant et en lisant sur les lèvres. Pour les autres, l'oralisme est à privilégier par rapport aux gestes, car il garantit un meilleur contrôle de la respiration.

La conséquence la plus visible de ce congrès est l'interdiction de la langue des signes dans l'enseignement pour les enfants sourds et, peu à peu, la disparition des enseignants sourds.

Cette histoire nous aide à comprendre pourquoi beaucoup d'études partent de l'utilisation de l'American Sign Language (ASL) pour nous parler de l'acquisition du langage par le jeune enfant. En effet, pendant très longtemps, il valait mieux être aux États-Unis pour observer des bébés utiliser la langue des signes.

QUE DISENT LES ÉTUDES ?

Avant même d'avoir un système auditif formé, le fœtus appréhende le monde à partir des nombreuses vibrations qui rythment ses journées.

À sa naissance, pour signifier son besoin de contact, le petit d'homme utilise les vocalises à sa disposition : il crie, pleure, baille, grogne, gémit... libérant l'air de ses petits poumons qui provoque la vibration de ses cordes vocales. Ces vibrations donnent naissance à des sons et ainsi, en sollicitant sa langue, ses lèvres, son voile du palais et même sa luette, le bébé fait de sa bouche une véritable caisse de résonance.

À la suite des gazouillis vient l'étape prélinguistique du babillage qui possède une véritable signification linguistique. Selon Nawal Abboub, docteure en neurosciences cognitives, le babillage n'est pas que du blabla. Il y a de fortes concordances entre les intonations prononcées "les mots" et leur ordre dans la phrase. Les babillages sont donc une forme de langage.

L'observation de très jeunes enfants utilisant la langue des signes souligne deux choses dans le processus de développement de leur langage.

- D'une part, le babillage, qui est une étape cruciale, est bien présent chez des bébés sourds ou entendants apprenant l'American Sign Language (ASL).

En 1991, Petitto et Marentette vont démontrer que le babillage représente le développement du langage en termes de maturation de la capacité langagière du cerveau, car il se produit aussi bien dans le langage parlé que signé.

Entre 6 et 14 mois, les enfants babillent. Cette causerie, vocale ou manuelle*[1], a une fonction d'exercice dans le modèle de communication utilisé et une fonction de renforcement des interactions linguistiques entre l'enfant et son entourage.

- D'autre part, les études sur le développement de l'ASL pointent le fait que les premiers signes apparaissent à un âge plus précoce que les premiers mots. Cela veut dire que les bébés sont cognitivement prêts à apprendre des mots bien avant de pouvoir contrôler les muscles phonatoires nécessaires à l'articulation de la parole.

---

[1] *Petitto, LA, & Marentette, PF (1991, 22 mars). Babillage en mode manuel : preuves de l'ontogenèse du langage. ISSN 0036-8075. PMID 2006424

Ainsi, un petit enfant entendant exposé de manière précoce à la langue des signes et à la langue orale utilisera le signe avant de parler, comme c'est le cas pour dire AU REVOIR en agitant la main.

PRISE EN COMPTE DES COMPÉTENCES DU BÉBÉ

Au cours des années 80, des chercheurs américains dirigent leur attention sur l'utilisation de la langue des signes avec des enfants entendants. Cet intérêt fait suite à la prise en compte des compétences du jeune enfant : celui-ci comprend les mots avant de pouvoir les produire.

Interprète en langue des signes américaine, Joseph Garcia identifie cette précocité du signe dans l'émergence de la communication. Intrigué par cette observation, il décide de faire des recherches sur l'acquisition du langage dans la petite enfance et le rôle que la langue des signes pourrait jouer dans le processus. Il choisit ce sujet pour sa thèse de maîtrise en 1986. Il met au point la méthode « Sign2me ».

À la même époque, deux chercheuses de l'université de Californie, Linda Acredolo et Susan Goodwyn, mettent au point Baby Signs, un système intégrant les signes les plus utiles et « adaptés aux bébés » de l'ASL et les combinant avec des signes que les bébés et les parents ont eux-mêmes créés et trouvés particulièrement utiles. Après de nombreuses conférences dans le milieu universitaire, elles rédigent un livre qui rencontre un franc succès en 1996.

Deux approches pour un même sujet

Actuellement, il existe deux écoles de pensée opposées sur les types de signes à utiliser avec les bébés.

Il y a ceux qui préconisent l'utilisation de signes d'une langue des signes établie et normalisée comme la langue des signes française (LSF) ou la langue des signes américaine (ASL). Cette approche veut créer du lien entre toutes les personnes interagissant avec l'enfant.

Ensuite, il y a ceux qui pensent que les signes ne sont utiles que pendant la courte période préverbale de la vie d'un enfant. Par conséquent, les signes utilisés sont constitués de gestes ou de mouvements simples et non standardisés.

La simplification ou la transformation d'un outil linguistique peut générer des difficultés de communication pour l'enfant dès lors qu'il entre en relation avec des personnes différentes. C'est le cas des enfants accueillis en structures collectives ou individuelles ; des enfants hospitalisés ou en difficulté avec le développement du langage.

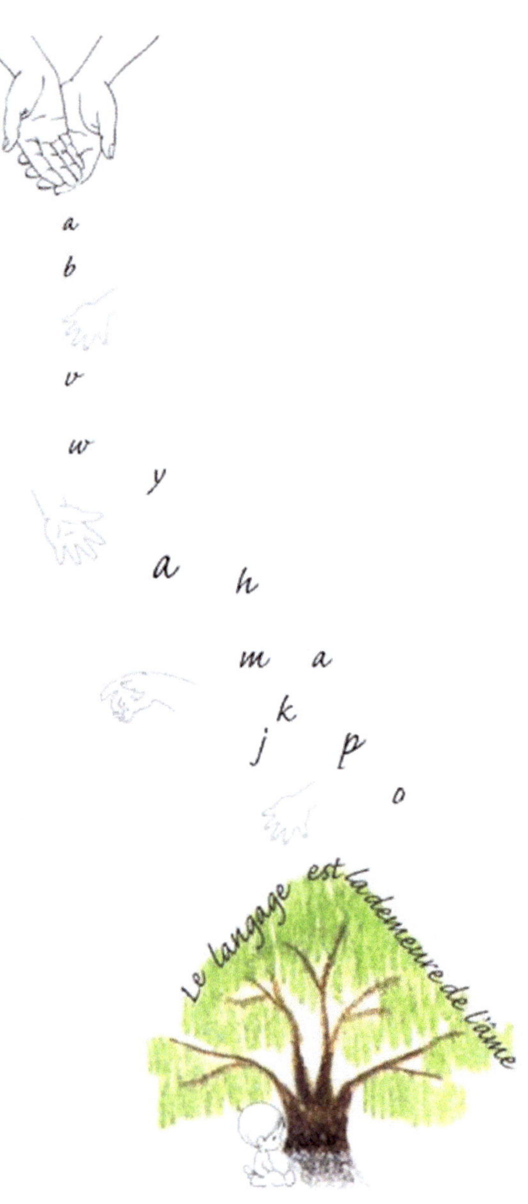

Citation de Jacques Ferron

Depuis de nombreuses années, les scientifiques étudient le cerveau à la loupe grâce à l'imagerie à résonance magnétique (IRM).

Dans ce chapitre, vous allez découvrir les liens qu'entretient le cerveau avec les signes. Les études sont nombreuses et permettent de répondre aux parents inquiets par cette utilisation avec des enfants en bas âge.

LE CERVEAU ET SA RELATION AU SIGNE !

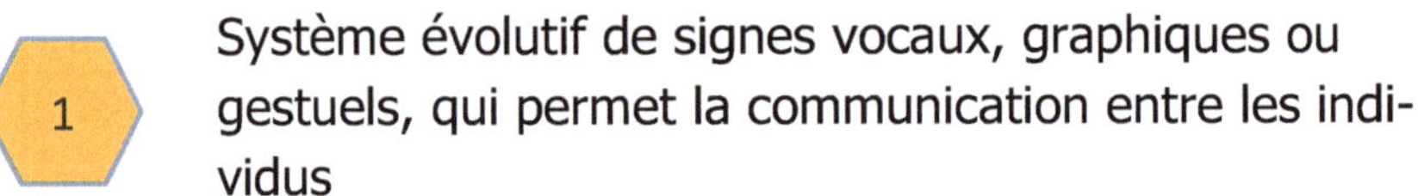

Définitions

1 — Système évolutif de signes vocaux, graphiques ou gestuels, qui permet la communication entre les individus

2 — Action d'être en rapport avec quelqu'un en général par le langage, verbal ou non verbal.

3 — Capacité, observée chez tous les hommes, d'exprimer sa pensée et de communiquer au moyen d'un système de signes vocaux et éventuellement graphique.

4 — Faculté de s'exprimer par le langage articulé, usage concret de la langue.

1 - Langue ; 2 - Communication ; 3 - Langage ; 4 - Parole. *Il ne s'agit donc pas du langage des signes, mais de la langue des signes.*

LE CERVEAU

spécialisé dans le traitement du langage

Les neurosciences nous expliquent que, dès la naissance, l'architecture globale du cerveau du bébé est déjà dessinée.

Ce magnifique organe nous sert à planifier, à traiter l'information sensorielle et à commander le mouvement volontaire. Mais, chez l'homme, il est aussi à l'origine de la faculté du langage.

C'est où le langage dans le cerveau ?

Les réseaux du langage se situent dans l'hémisphère gauche pour une grande partie des personnes (environ 95 % de la population) et sont appelés « les aires du langage ».

Elles sont composées de l'aire de Wernicke chargé de la compréhension du langage, de l'aire

de Broca responsable de la production du langage et elles ont de très nombreuses connexions avec d'autres parties du cerveau, comme les aires visuelles et auditives.

Les recherches effectuées sur des nourrissons montrent que les mêmes aires cérébrales et les mêmes faisceaux de neurones que l'adulte s'activent lorsque les bébés écoutent une personne parlée.

Surprenant, mais quand un nourrisson entend des paroles, les réseaux dédiés au langage s'activent dans son petit cerveau.

Très tôt, les bébés savent ce que sont les langues et la nature de leur langue maternelle. Les recherches menées par Jacques Mehler et Ghislaine Dehaene-Lambertz en 1988 montrent que les bébés préfèrent écouter leur langue maternelle plutôt qu'une langue étrangère.

Dès 2 mois, l'ensemble du réseau du langage, y compris l'aire de Broca, s'active à l'écoute de phrases parlées et s'intensifie lors de la répétition, démontrant ainsi un effet de

mémorisation et un début de traitement linguistique appro-
fondi.

Et quand il n'y a pas de stimulation auditive ?

Le cerveau entretient un lien tout particulier au langage et l'étude des aires cérébrales impliquées dans l'usage de la langue des signes va amplifier notre compréhension de cette relation.

Lorsque le cerveau ne reçoit pas de stimulations audi-tives, il s'acclimate. C'est ce que les scientifiques appellent la plasticité cérébrale. Grâce à cette faculté extraordinaire, le cerveau sourd s'adapte à la privation d'informations auditives et développe des capacités linguistiques par un autre canal de communication.

Chose étonnante, malgré cette réorganisation, les scanners de personnes sourdes ou entendantes montrent une architecture neuronale similaire. Les régions consacrées aux processus linguistiques semblent traiter de la même manière les informations provenant des yeux ou des oreilles. De l'aire de Wernicke à l'aire de Broca, le cerveau analyse les signes de la même manière que les paroles.

Cela démontre qu'il y a bien un hémisphère spécialisé dans la représentation et la communication symboliques en général. C'est majoritairement l'hémisphère gauche.

Le cerveau des humains est programmé pour le langage en général, que celui-ci soit gestuel ou verbal. Les signes ne représentent donc pas une menace pour ce bel organe.

Des petites différences ont été néanmoins observées lors du traitement du langage oral ou signé. Elles se situent au niveau des aires sensorielles impliquées dans la perception du langage.

Les entendants qui écoutent un discours activent les aires auditives primaires, tandis que les sourds qui regardent des signes activent les aires visuelles primaires et la région vi-suelle responsable de l'analyse du mouvement.

Hémisphère gauche et hémisphère droit

Chez la majorité des personnes, les zones servant au langage se trouvent dans l'hémisphère gauche. L'aire de Broca, la plus connue, est l'aire motrice du langage. C'est elle qui s'activerait plus spécifiquement lors de la prononciation (même mentale) des mots.

Des chercheurs (Neville HJ, Bavelier D, Corina D) ont montré que le lobe frontal droit, c'est-à-dire l'équivalent de l'aire de Broca, était impliqué dans la langue des signes. Ce lobe frontal droit permet de traiter les aspects non linguistiques du langage, tels que les informations spatiales ou sociales de la personne avec qui nous échangeons. C'est lui, par exemple, qui analyse les mouvements des mains, les mimiques du visage ou du corps lors d'une conversation.

Une personne sourde qui communique en langue des signes active le lobe frontal droit pour comprendre les signes de son interlocuteur, mais elle active également son aire de Broca. Les gestes sont reconnus par le cerveau comme véritable contenu linguistique et c'est pour cette raison que l'aire de Broca effectue son travail d'analyse.

Une personne qui ne signe pas active l'aire de Broca dans le langage oral, mais ne l'active pas pour analyser les gestes. Les gestes pour son cerveau sont des mouvements annexes non déterminants pour la compréhension de son interlocuteur.

De la même manière, les aires de Broca et de Wernicke ne montrent aucune activité particulière dans le cerveau de personnes non-signantes qui observent, sans les comprendre, des personnes communiquant en langue signée.

Programmés pour être multilingues.

Depuis de nombreuses années, la recherche apporte des réponses sur la manière dont les nourrissons apprennent le langage. Elle formule des hypothèses qu'elle justifie sur la base d'observations précises.

Nous savons aujourd'hui que les nouveau-nés peuvent faire la distinction entre des langues de différentes classes rythmiques, même s'ils n'en ont aucune expérience prénatale. Ces petits êtres montrent une capacité à entrer dans n'importe quelle langue. Le fait que les nouveau-nés âgés de seulement deux ou trois jours possèdent de telles capacités linguistiques a conduit des chercheurs à émettre l'hypothèse que les nourrissons possèdent des sensibilités biologiquement gouvernées qui guident l'identification et l'apprentissage du langage.

Une autre hypothèse propose que l'apprentissage des langues soit activé et guidé par la capacité de détecter des caractéristiques prosodiques apprises non pas au cours des deux premiers jours de la vie, mais plutôt au cours de l'exposition prénatale au langage. Le nourrisson ne naît pas sensible à ces modèles sonores, mais il les entend et les apprend avant la naissance.

Les travaux d'Adam Stone, de Laura-Ann Petitto et Rain Bosworth interrogent la situation d'un fœtus dont la maman utilise uniquement la langue des signes. Ce bébé n'est pas exposé aux signaux linguistiques extra-utérins, ce qui rend impossible l'apprentissage direct à partir de l'exposition pré-natale au langage. Cet enfant qui n'a jamais vu de langue des signes ne devrait montrer aucune sensibilité aux si-gnaux visuels (sonorités) présents dans les langues des signes.

Pour obtenir une réponse, trente-huit nourrissons enten-dants âgés de 6 à 12 mois ont été testés à partir d'apports structurés de la langue des signes et d'autres pas. Les ré-sultats ont révélé que les nourrissons de 6 mois avaient une préférence perceptuelle pour les langues des signes plutôt que pour les gestes. Ce n'est pas le cas des bébés plus âgés, ce qui suggère que cette sensibilité s'atténue en l'absence d'exposition à la langue des signes.

À la naissance, le cerveau de l'enfant est câblé pour prê-
ter attention aux aspects de la structuration du langage. Il
démontre une sensibilité intrinsèque à la différence qui lui
permet de s'adapter immédiatement aux langues qui lui
sont offertes.

« Plus l'exposition au langage est importante, mieux c'est.
Le cerveau ne fait aucune discrimination ;
il accepte à la fois le son et le signe »
Dre Laura-Ann Petitto

a
b
v
w
y
a h
m a
k
j p
o

L'acquisition du langage se déploie au cours d'échanges riches entre l'adulte et l'enfant. Dans ce bain de langage, le petit être va pouvoir déployer ses précieuses capacités d'imitation qui fonctionnent comme un miroir.

Dans ce chapitre, nous vous proposons d'ouvrir le contenu de notre boite à outils. Celle-ci vous invite à utiliser l'ensemble du potentiel de nos petits récits unissant la voix et le geste. Nous verrons que si le langage est l'expression d'une pensée construite, les histoires à doigts sont le moyen le plus précoce de la stimuler.

Bonne pratique

BOITE À OUTILS

LE DÉVELOPPEMENT DU LANGAGE

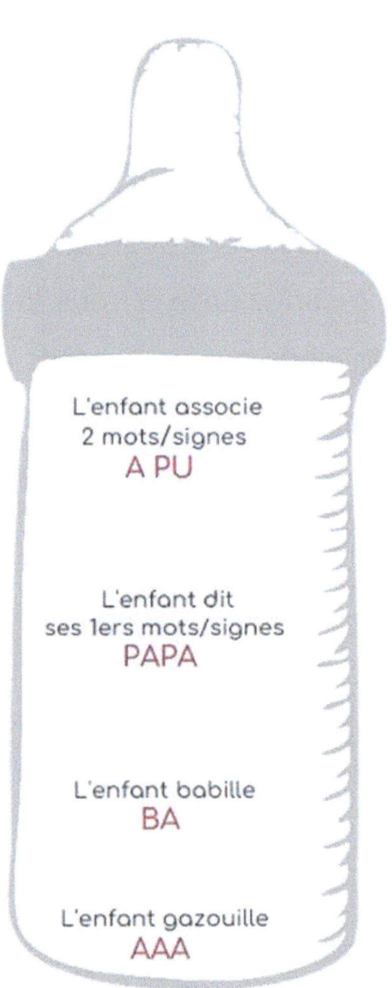

Les stratégies pour l'aider

- o Riez avec lui.
- o Expliquez-lui ce qui stimule ses sens.
- o Nommez les personnes qui l'entourent.
- o Racontez-lui ce que vous faites.
- o Interprétez ses messages.
- o Imitez ses actions, ses productions sonores.
- o Câlinez-le.
- o Regardez-le.
- o Parlez-lui calmement à sa hauteur.
- o Chantez-lui des comptines et des chansons.

Le très jeune enfant communique avec ses propres outils.

Soyez attentif à :

- o Ses grimaces et mimiques
- o Ses soupirs
- o Ses regards
- o Ses rires et sourires
- o Ses attitudes
- o Ses pleurs
- o Ses imitations

AMPLIFIER LE MESSAGE
par l'utilisation du signe avec le mot

Dès la naissance

À son arrivée, le bébé est capable de plonger ses yeux dans les yeux des personnes qui prennent soin de lui. Il étudie la ou les langues parlées et analyse méthodiquement les contours intonatifs des mots. Programmé pour entrer en lien, il déploie tous ses possibles pour comprendre ce nouveau monde.

↻SIGNER pour SENSIBILISER

Les stimulations offertes à l'enfant l'invitent à entrer dans le monde de l'interaction sociale. Ainsi, au cours des premiers mois, le regard du bébé va quitter petit à petit les yeux de celui qui prend soin de lui pour aller à la conquête de son visage et de ses expressions. L'enfant devient un conquérant de son environnement social.

Les comptines et les histoires à doigts ont un rôle important à jouer. En effet, la voix offre au bébé un bain sonore, les expressions induisent un rythme formant une enveloppe protectrice et sécurisante et les mains deviennent médiatrices pour aller de soi vers l'autre.

La comptine s'apparente à un doudou sonore (L. Joseph) ou visuel qui ouvre une porte d'entrée dans le langage et procure au bébé un vrai partage psychique et corporel avec l'entourage.

Dans cette période, les signes intégrés dans les comptines donnent du mouvement à la parole et créent un doux cocon autour de l'enfant. Ils sont peu nombreux, ont un rôle hypnotique et poétique. L'aspect poétique vient séduire l'enfant qui s'attache alors plus à la forme qu'au sens.

L'objectif rejoint ce que disait Paul Éluard : « Avec la comptine, l'enfant jongle délicieusement avec les mots et s'émerveille de son pouvoir ». Le format d'interaction proposé permet d'entendre et de voir, de répéter, de sentir le rythme, d'identifier des repères et d'anticiper le déroulement de l'échange jusqu'à prendre une place de plus en plus active.

Vers 9 mois

L'enfant entre en premier dans le langage grâce à ses petites mains. Il pointe, il pointe… L'enfant pointe du doigt pour demander, puis le fait en se tournant vers le regard de son interlocuteur. Certains chercheurs (Tomasello et ses collaborateurs) diront même que les enfants ne pointent pas seulement pour attirer l'attention sur eux : ils pointent à tout le moins pour attirer l'attention sur des objets qu'ils trouvent suffisamment intéressants pour communiquer à leur sujet.

Ces premiers gestes annoncent l'arrivée du langage. L'enfant vient de comprendre qu'il peut communiquer et il pointe pour apprendre les mots, les phrases, les expressions que vous allez répéter à chaque pointage.

➲SIGNER pour créer des PASSERELLES

Les enfants sourds et entendants pointent en moyenne entre 10 et 12 mois. Petites mains en éveil, l'enfant sourd va rapidement combiner son pointage avec des gestes iconiques, tandis que l'enfant entendant va attendre que son conduit vocal finisse de se développer pour combiner son pointage avec le mot. Durant ce temps, le signe va créer une passerelle entre la volonté de communiquer et la possibilité d'utiliser les mots pour le faire.

Les signes, en accompagnant les mots, créent un lien avec la langue utilisée. Quand l'enfant le comprend, il s'approprie le signe, l'utilise à sa façon jusqu'à l'éclosion du mot en bouche.

L'utilisation du signe par l'enfant est une aide précieuse pour se faire comprendre, et cela, même si les gestes sont déformés.

À partir de 2 ans

C'est l'explosion du langage ! L'enfant comprend de plus en plus de mots (environ 300) et en possède une cinquantaine.

➲ SIGNER pour favoriser la PENSÉE VISUELLE

L'enfant entendant n'utilise presque plus les signes, il parle et il préfère sa langue maternelle. Par contre, il aime l'utilisation de la langue des signes dans les comptines ou les histoires. Le plaisir de l'enfant est en lien avec la capacité de la langue des signes à donner à voir le monde. Les signes donnent une vibration à la narration.

AIDER L'ENFANT

à prendre conscience de l'interaction

En lui offrant des indices sécurisants

Le développement du langage repose sur les moments privilégiés de « dialogue » que partage l'enfant avec son entourage.

Dans ce temps partagé, une grande disponibilité, une voix affectueuse, un regard souriant, des éclats de rire… sont autant d'indices pour l'enfant d'un climat sécurisant.

La sécurité, c'est bon pour son petit cerveau qui, dans ce ressenti, va pouvoir s'adonner à son plaisir d'apprendre.

De tout temps, les mères ont établi les premières relations avec leurs bébés par la voix, les berceuses, les jeux de doigts et les comptines. Ces rituels développent un plaisir partagé source d'attention réciproque. Ils ont une influence notable sur le développement de l'enfant. Comptines et jeux de doigts plaisent beaucoup aux jeunes enfants et, sur un mode ludique, ils permettent de nombreux apprentissages.

La diction utilisée lors d'une comptine lui donne un air un peu magique. Quant au jeu des mains, il fixe l'attention du bébé, qui ne perd pas une miette de ce spectacle.

La répétition de ces petits récits est bénéfique pour un cerveau en plein développement. D'un côté, le chant offre une sécurité communicative, une aisance grâce à un vocabulaire riche et actif et de l'autre, le récit ouvre un espace imaginaire dans lequel les mouvements et les déplacements favorisent une prise de conscience spatio-temporelle essentielle au bon développement de l'enfant.

Ces petits spectacles en miniature amènent l'enfant à une meilleure connaissance de lui.

AIDER L'ENFANT

à faire des liens entre mot, signe et objet.

Gestes véhiculant un sens concret

Un geste est un mouvement spontané des mains et des bras pouvant, ou non, intervenir lors de la parole (V. Fraz). Certains de nos gestes sont communicatifs et porteurs de sens concret. Ce sont les gestes iconiques.

Pour le jeune enfant, le geste iconique est considéré comme un descripteur de l'objet, alors que le mot est une étiquette abstraite. Toutes les études montrent que les enfants produisent des signes iconiques très tôt, généralement avant la production des premiers mots.

L'étude du répertoire des gestes iconiques chez des enfants âgés de 18 mois montre que celui-ci est un très bon prédicteur de l'étendue du vocabulaire à 42 mois. Le geste iconique participe au bon développement du lexique et possède un rôle important dans l'acquisition du vocabulaire. Trois hypothèses pour expliquer ces résultats : Le geste iconique remplit une fonction sociale, il réduit la charge cognitive de l'enfant et a une fonction transitionnelle (passerelle du signe vers le mot).

Gestes iconiques et langue des signes

La langue des signes est une langue dite visuo-gestuelle. Dans sa structure même, elle est imagée. Selon Christian Cuxac, linguiste, les langues permettent de reconstruire des expériences selon des stratégies variées. La stratégie de la langue des signes se caractérise par une grande iconicité, à savoir une faculté de tout mettre en images. Ainsi, en langue des signes, il s'agit de donner à voir son discours, via des transferts, en utilisant l'espace, l'expression du visage, le regard et la prise de rôle.

Signes et enfantines

L'originalité de ce type de récit réside dans le creux de la main. Ces petites histoires séduisent grâce aux images fortes qu'elles utilisent en combinant des mots, une voix et une mise en scène gestuelle. L'ajout de signes iconiques amplifie la compréhension du texte, enrichit la productivité en allégeant la charge mentale, aide à la mémorisation et vient en support de l'acquisition de la parole. En dessinant dans l'espace les événements de l'histoire, les doigts offrent à l'enfant une nourriture psychique enrichie en mots, en images et en représentations.

METTRE EN PRATIQUE

pour le plaisir de chacun

PETIT
FLOCON

Au milieu de la **nuit**,

Et sans faire de bruit,

Tombent petits flocons,

Tourbillonnent en rond.

Virevoltent et s'envolent

Dans une farandole

Recouvrant les **sapins**

Jusqu'au petit **matin**.

En langue des signes, un pouce et un index suffisent pour nommer cette forme légère.

Ne cherchez pas à traduire les mots, mais visualisez ce doux moment.

Regardez vos mains, suivez-les du regard.

SOLEIL

Le **soleil**, quand il est fatigué,

Il s'étire, il bâille et il va se cacher.

Chut, écoute-le !

Et demain, quand le soleil s'éveillera,

Le **monde** entier de nouveau **chantera**.

Dans le creux de la main se niche le soleil. S'élevant au-dessus de la tête, un coup d'œil suffit pour sentir ses rayons.

Jouez avec le soleil, écoutez-le.

Et pour chanter, laissez les notes s'évader de votre bouche.

ESCARGOT
DORT

Monsieur l'escargot dort bien au chaud.

Il fait beau dehors.

Petit **nuage** passe et laisse tomber la **pluie**.

Monsieur l'escargot sort une corne,

Puis l'autre et s'en va se promener.

Index et petit doigt font la fierté de petit escargot.

En boule sur le bras, il repose au soleil.

Quelques gouttes légères et ses petites cornes se déploient lentement.

RESSOURCES POUR ALLER PLUS LOIN

Des chercheurs à découvrir, à suivre et à lire

Benvenuto Andréa, Bertin Fabrice, Blondel Marion, Bosworth Rain, Courtin Cyril, Cuxac Christian, Dehaene-Lambertz Ghislaine, Friederici Angela, Frak Victor, Habib Michel, Harlan Lane, MacSweeney Mairéal, Mancino Aurélien, Murray Joseph Joe, Nazir Tatjana, Neville Helen J, Petit Sandrine, Petitto, Laura Ann, Sacks Olivier, Stockoe William, Tzourio-Mazoyer Nathalie, Trettenbrein Patrick, Zaccarella Emiliano

Un site pour retrouver plus de comptines

Mon petit doigt https://monpetitdoigtadit.com